I0407586

DEDICA

A tutti coloro che hanno contribuito alla creazione di questo libro, Queste pagine sono il risultato del duro lavoro, della passione e della dedizione di un team straordinario. A "IncrementiOnline" e a tutti i suoi valorosi collaboratori, desidero esprimere la mia profonda gratitudine.

Grazie per aver condiviso le vostre conoscenze, esperienze e segreti nel mondo di Instagram. Questo libro è il frutto della vostra expertise e dell'impegno che avete messo nell'aiutare gli altri a raggiungere la fama e il successo su questa piattaforma.

Che queste pagine ispirino e guidino coloro che aspirano a diventare famosi su Instagram, e che il vostro contributo continui a illuminare il cammino verso la celebrità online.

Instagram e l'Incremento della Tua Popolarità: Strategie per il Successo

CONTENUTI

Introduzione

Nell'era digitale in cui viviamo, Instagram si è affermato come uno dei social media più influenti e popolari al mondo. Questa piattaforma visuale ha cambiato il modo in cui condividiamo le nostre storie, interagiamo con il mondo e costruiamo connessioni. Ma non è solo un luogo per condividere foto e video: è diventato un ambiente dinamico e competitivo in cui individui, imprese e creatori cercano di crescere e prosperare.

Il nostro progetto è dedicato a esplorare le strategie e le tattiche chiave per crescere su Instagram. Scopriremo come costruire un profilo accattivante, coinvolgere il pubblico, sviluppare una presenza autentica e, alla fine, raggiungere i tuoi obiettivi su questa piattaforma. Che tu sia un appassionato di fotografia, un imprenditore che cerca di promuovere il proprio brand o un influencer che vuole aumentare la propria visibilità, questo progetto ti fornirà le informazioni e gli strumenti necessari per avere successo su Instagram.

Esploreremo le migliori pratiche per la gestione del tuo profilo, la creazione di contenuti coinvolgenti, l'ottimizzazione dell'uso degli hashtag, la collaborazione con altri utenti, e molto altro ancora. Instagram offre opportunità straordinarie, ma richiede anche dedizione e strategia.

Inizia il tuo viaggio verso il successo su Instagram con noi, mentre esaminiamo in dettaglio come sfruttare appieno questo potente social media e raggiungere nuove vette di visibilità e influenza.

Il Potere Dei Social Media

I social media, nel corso degli ultimi decenni, hanno rivoluzionato la comunicazione umana, trasformando il modo in cui condividiamo informazioni, interagiamo e percepiamo il mondo che ci circonda. Queste piattaforme digitali hanno conquistato un posto centrale nella vita di miliardi di persone in tutto il mondo, esercitando un'influenza senza precedenti su ogni aspetto della società moderna.

1. La Connettività Globale: I social media hanno abbattuto le barriere geografiche, consentendo a individui da diverse parti del mondo di comunicare istantaneamente. Questa connettività globale ha aperto nuove possibilità per la diffusione di idee, culture e notizie, contribuendo a creare un mondo più interconnesso.

2. L'Influenza sul Comportamento: Le piattaforme sociali influenzano il comportamento delle persone in modi profondi e diversi. Dal modo in cui ci informiamo, alle decisioni di acquisto, fino alle opinioni politiche, i social media hanno un impatto tangibile sulla nostra vita quotidiana. Gli algoritmi personalizzati e la condivisione virale di contenuti contribuiscono a plasmare le nostre opinioni e le nostre scelte.

3. Il Potere delle Tendenze: I social media hanno il potere di creare e diffondere tendenze culturali e sociali in tempo reale. Hashtag, sfide virali e trend di condivisione hanno un'influenza immediata sulla cultura popolare e sul comportamento dei consumatori, rendendo queste piattaforme una forza motrice nella definizione delle narrazioni contemporanee.

4. La Voce dell'Attivismo: I social media forniscono una voce globale agli attivisti e agli attivisti per i diritti umani.

Campagne di sensibilizzazione, proteste virtuali e mobilitazione online hanno portato a cambiamenti significativi nella società, dimostrando il potenziale rivoluzionario di queste piattaforme.

5. Il Lato Oscuro: Nonostante il loro potenziale positivo, i social media hanno anche un lato oscuro. La diffusione di notizie false, la dipendenza digitale e la violazione della privacy sono diventati problemi diffusi e sfide importanti da affrontare.

L'importanza della presenza online

Nel panorama digitale in continua evoluzione, la presenza online è diventata una componente cruciale per individui, aziende e organizzazioni di ogni tipo. La capacità di costruire e gestire una solida presenza sul web ha un impatto significativo su come veniamo percepiti, come ci connettiamo con gli altri e come raggiungiamo i nostri obiettivi. Ecco perché l'importanza di una presenza online efficace è oggi più rilevante che mai.

1. La Prima Impressione: Spesso, la nostra presenza online rappresenta la nostra prima impressione per chiunque cerchi informazioni su di noi o sulla nostra attività. Un profilo professionale e curato su piattaforme come LinkedIn o un sito web ben progettato possono fare la differenza nel creare un'immagine positiva di sé stessi o del proprio brand.

2. La Credibilità: Una presenza online solida contribuisce a creare credibilità. Gli utenti tendono a fidarsi di persone o aziende con una presenza web autorevole e informativa. La condivisione di contenuti pertinenti e di qualità può dimostrare competenza ed esperienza nel proprio settore.

3. La Raggiungibilità: La presenza online permette di essere facilmente raggiungibili da chiunque cerchi di contattarci. Questo è particolarmente importante per le aziende, ma vale anche per i singoli individui. Attraverso forme di contatto come e-mail o messaggi diretti su social media, siamo più accessibili e in grado di stabilire nuove connessioni.

4. L'Opportunità di Esprimersi: Internet offre un'ampia gamma di piattaforme su cui esprimere idee, opinioni e creatività. Un blog personale o una presenza attiva sui social media permettono di condividere contenuti che rispecchiano i nostri interessi e valori, connettendo con chi ha interessi simili.

5. L'Espansione delle Opportunità: Per le aziende, una
solida presenza online apre le porte a nuove opportunità di
business. Attraverso il marketing digitale, la promozione sui
social media e l'e-commerce, è possibile raggiungere un
pubblico globale, espandendo notevolmente il potenziale di
crescita.

6. Il Networking e le Collaborazioni: Le piattaforme
online agevolano il networking e le collaborazioni.
Conoscere nuove persone, condividere idee e collaborare su
progetti può essere reso più semplice e accessibile attraverso
le reti sociali virtuali.

Il fenomeno di Instagram

Instagram, nato nel 2010 e acquisito da Facebook nel 2012, ha rapidamente conquistato il mondo dei social media, trasformandosi in un autentico fenomeno globale. Questa piattaforma, incentrata sulla condivisione di foto e video, ha ridefinito la comunicazione visuale, influenzando la cultura popolare, i comportamenti sociali e il modo in cui interagiamo con il mondo digitale. Ecco come Instagram si è trasformato in un fenomeno di portata globale.

1. L'Ascesa dell'Immagine: Instagram ha posto l'immagine al centro della sua esperienza utente. La possibilità di condividere foto e video con un tocco personale ha spinto le persone a esprimersi attraverso l'arte visiva, promuovendo la creatività e la narrazione visiva.

2. L'Influenza Culturale: Instagram ha contribuito a definire i canoni di bellezza, le tendenze della moda, il design e la fotografia. Le celebrità e gli influencer su Instagram hanno acquisito una notorietà senza precedenti, e le campagne di marketing sono diventate intrinsecamente legate a questa piattaforma.

3. Il Potere degli Hashtag: L'introduzione degli hashtag su Instagram ha reso la scoperta di contenuti e il raggiungimento di un pubblico di nicchia più accessibili. Gli hashtag sono diventati strumenti chiave per la visibilità e la ricerca di contenuti specifici.

4. La Storia delle Storie: L'introduzione delle "Storie" su Instagram ha trasformato la condivisione temporanea di contenuti, sfidando il predominio della condivisione permanente. Questa funzionalità ha rapidamente guadagnato popolarità e ha dato origine a un nuovo modo di comunicare online.

5. L'Impatto Sociale: Instagram ha influenzato il modo

in cui comunicano le generazioni più giovani. Ha
promosso la consapevolezza sociale, l'attivismo e il
coinvolgimento civico attraverso campagne e condivisione
di contenuti sensibili e importanti.

6. Il Business su Instagram: Per molte aziende,
Instagram è diventato un canale fondamentale per il
marketing e il commercio. La possibilità di promuovere
prodotti e servizi attraverso foto e video ha aperto nuove
opportunità di crescita economica.

7. La Sfida dell'Autenticità: Instagram ha anche
affrontato la sfida dell'autenticità, con dibattiti su quanto le
immagini condivise riflettano la realtà. Questo ha portato
alla ricerca di un equilibrio tra l'aspirazione
all'idealizzazione e la celebrazione dell'autenticità.

Capitolo 1: Comprendere Instagram

Instagram, con oltre un miliardo di utenti mensili in tutto il mondo, è molto più di una semplice app per la condivisione di foto. È un universo digitale complesso che offre molteplici strati di interazione, espressione e connessione. Per comprendere appieno Instagram, è essenziale esplorarne le diverse dimensioni.

1. La Piattaforma Visuale: Al cuore di Instagram ci sono le immagini e i video. Gli utenti condividono momenti di vita, creano contenuti artistici e documentano esperienze attraverso foto e video. La qualità visiva è fondamentale, e la creatività trova spazio nell'uso di filtri, effetti speciali e storytelling visuale.

2. La Ricerca dell'Autenticità: Nonostante l'importanza delle immagini curate, Instagram valorizza anche l'autenticità. Gli utenti cercano di condividere momenti reali, sfide personali e il lato umano delle loro vite per stabilire connessioni più profonde.

3. La Potenza degli Hashtag: Gli hashtag svolgono un ruolo cruciale nell'organizzazione e nella scoperta dei contenuti su Instagram. Sono etichette che categorizzano i post e consentono agli utenti di trovare contenuti correlati. Saper utilizzare gli hashtag in modo strategico può aumentare la visibilità di un profilo.

4. Le Storie di Instagram: Le "Storie" sono un formato di contenuto temporaneo che ha reso la piattaforma più dinamica. Gli utenti condividono momenti istantanei che scompaiono dopo 24 ore, creando un senso di urgenza e autenticità.

5. L'Influenza e il Marketing: Instagram è un terreno fertile per l'influenza digitale e il marketing. Gli influencer collaborano con marchi per promuovere prodotti, mentre le aziende utilizzano la piattaforma per raggiungere un pubblico più vasto attraverso annunci pubblicitari mirati.

6. La Comunità e le Connessioni: Instagram favorisce la creazione di comunità e la connessione tra utenti con interessi simili. Le interazioni attraverso commenti, messaggi diretti e condivisione di contenuti contribuiscono a creare legami significativi.

7. La Tendenza all'Esplorazione: La funzione "Esplora" di Instagram offre agli utenti la possibilità di scoprire nuovi contenuti e utenti basati sui loro interessi e comportamenti di navigazione, ampliando così le loro prospettive.

8. La Privacy e la Gestione del Profilo: Instagram permette agli utenti di personalizzare la privacy del proprio profilo, decidendo chi può vedere i propri contenuti. La gestione delle impostazioni di privacy è fondamentale per mantenere il controllo sulla propria presenza online.

Storia ed evoluzione di Instagram

Instagram, fondata da Kevin Systrom e Mike Krieger nel 2010, è emersa come una delle piattaforme di social media più influenti e popolari al mondo. La sua storia e evoluzione riflettono un'ascesa meteora attraverso cambiamenti tecnologici e culturali significativi.

2010 - 2012: L'Inizio Modesto

Instagram è stata lanciata nell'ottobre 2010 su iOS, guadagnando rapidamente popolarità grazie alla sua interfaccia user-friendly e all'accento sulla condivisione di foto.

2012: L'Acquisizione da Parte di Facebook

Nel 2012, Facebook ha acquisito Instagram per un miliardo di dollari, segnando una delle acquisizioni più significative nella storia dei social media. Questo ha portato a un'integrazione graduale tra le due piattaforme.

2013: L'Introduzione dei Video

Instagram ha ampliato le sue capacità consentendo agli utenti di condividere brevi video. Questa mossa ha aperto nuove opportunità creative e ha aumentato l'attrattiva della piattaforma per i contenuti visivi.

2016: L'Arrivo delle Storie

Instagram ha lanciato le "Storie," un formato temporaneo che ha preso ispirazione da Snapchat. Questa funzionalità ha aggiunto dinamismo alla piattaforma, permettendo agli utenti di condividere momenti effimeri e spontanei.

2017: La Crescita degli Influencer

Gli influencer hanno iniziato a emergere come figure di spicco su Instagram, collaborando con marchi e guadagnando seguito. Questo ha portato alla creazione di un'economia dell'influenza digitale.

2019: La Rimozione dei "Like"

Instagram ha avviato esperimenti per nascondere il numero di "like" sui post, mirando a ridurre la pressione sociale e promuovere un ambiente meno competitivo.

2020 - 2021: L'Ascesa del Reels e l'E-commerce

Instagram ha introdotto "Reels," una funzionalità di condivisione di video brevi per competere con TikTok. Inoltre, ha potenziato le opzioni di e-commerce, consentendo alle aziende di vendere prodotti direttamente sulla piattaforma.

2022: La Transizione verso Metaverse

Dopo l'annuncio del cambio di nome di Facebook in "Meta" e la scommessa sull'evoluzione verso un "metaverse," Instagram è destinato a svolgere un ruolo chiave nella costruzione di esperienze immersive e connesse al metaverse.

Oggi, Instagram è una potenza globale con una vasta base di utenti e un'influenza significativa sulla cultura, la comunicazione e il marketing. La sua storia e il suo percorso evolutivo sono un esempio di come una piattaforma può adattarsi e prosperare in un ambiente digitale in rapida evoluzione.

Statistiche e utenti di Instagram

Instagram, da quando è stata fondata nel 2010, ha registrato un'esplosione di crescita costante ed è diventata una delle piattaforme social più popolari al mondo. Esaminando le statistiche e il profilo degli utenti di Instagram, emergono dati sorprendenti che illustrano l'entità del suo impatto sulla società contemporanea.

1. Utenti Mensili Attivi: A settembre 2021, Instagram ha dichiarato di avere oltre un miliardo di utenti mensili attivi in tutto il mondo. Questo lo colloca tra i social media più utilizzati, superando molti concorrenti.

2. Utilizzo Quotidiano: Il 63% degli utenti di Instagram accede alla piattaforma almeno una volta al giorno. Questo livello di coinvolgimento giornaliero è notevole, dimostrando che Instagram è una parte integrante della vita digitale di molte persone.

3. Demografia degli Utenti: Instagram è popolare tra una vasta gamma di età, ma è particolarmente amato dai giovani adulti. La fascia di età più rappresentata è tra i 18 e i 34 anni, ma utenti di tutte le età sono attivi sulla piattaforma.

4. Genere: Il 43% degli utenti di Instagram è composto da uomini, mentre il 57% è costituito da donne. Questa suddivisione di genere mostra una leggera predominanza femminile sulla piattaforma.

5. Localizzazione: Instagram è una piattaforma globale, ma alcune regioni hanno un numero di utenti particolarmente elevato. Gli Stati Uniti, l'India, il Brasile, l'Indonesia e la Russia sono tra i principali paesi per numero di utenti.

6. Interazioni Medie: Gli utenti di Instagram danno vita a un'enorme quantità di interazioni quotidiane. Ogni giorno, vengono pubblicate oltre 95 milioni di foto e video, e i "like" totali superano i 4,2 miliardi.

7. Influencer e Brand: Instagram ospita una vasta comunità di influencer, persone famose e brand che sfruttano la piattaforma per raggiungere un pubblico vasto. La promozione di prodotti e servizi attraverso Instagram è diventata una parte essenziale delle strategie di marketing digitale.

8. Il Futuro di Instagram: Con il rilancio di Instagram come parte di Meta (ex Facebook), la piattaforma sta cercando di spingersi verso un futuro di realtà aumentata e metaverse, introducendo nuove possibilità di interazione e coinvolgimento.

In sintesi, le statistiche e gli utenti di Instagram dimostrano chiaramente l'ampia portata e l'importanza di questa piattaforma nei contesti sociali, culturali ed economici. Instagram non è solo un luogo per la condivisione di foto, ma una parte significativa del panorama digitale contemporaneo, con una vasta e diversificata comunità di utenti che contribuisce alla sua continua crescita e influenza.

Le tendenze attuali su Instagram

Instagram è una piattaforma in continua evoluzione, e le tendenze attuali riflettono sia le esigenze degli utenti che l'adattamento alle nuove dinamiche digitali. Ecco alcune delle tendenze più rilevanti su Instagram al momento:

1. Contenuti Autentici e Reali: C'è una crescente domanda da parte degli utenti per contenuti più autentici e genuini. Gli influencer e le aziende stanno cercando di sfatare l'immagine perfetta, mostrando il lato umano e reale delle loro vite e dei loro prodotti.

2. Il Potere delle Reels: Il formato video breve di Instagram chiamato "Reels" sta guadagnando popolarità ed è spesso paragonato a TikTok. Gli utenti condividono video creativi, tutorial e contenuti divertenti attraverso questa funzione.

3. L'Ascesa del Contenuto Educativo: Gli utenti stanno cercando sempre più contenuti educativi e informativi. Questo si traduce in tutorial, consigli pratici e condivisione di conoscenze specifiche attraverso post e storie.

4. L'Inclusività e la Diversità: L'inclusività e la rappresentazione della diversità sono al centro delle tendenze su Instagram. Gli utenti stanno chiedendo una maggiore rappresentanza di razze, etnie, orientamenti sessuali e abilità attraverso i contenuti.

5. Shopping su Instagram: L'e-commerce su Instagram sta crescendo. Gli utenti possono ora acquistare direttamente attraverso la piattaforma, con funzionalità di shopping integrate nei post e nelle storie.

6. La Coscienza Ambientale: La consapevolezza ambientale sta emergendo come un tema importante. Gli utenti condividono consigli per uno stile di vita più sostenibile e sottolineano l'importanza della protezione dell'ambiente.

7. Interazioni Autentiche: Gli utenti stanno cercando di creare connessioni significative attraverso le interazioni. Ciò significa rispondere ai commenti, interagire con le storie degli altri utenti e partecipare a conversazioni autentiche.

8. Collaborazioni Significative: Le collaborazioni tra influencer e brand stanno diventando più selettive e mirate. Le partnership cercano di allineare i valori e gli interessi, offrendo contenuti più autentici e credibili.

9. L'Espansione della Real Time Content: L'uso delle "Storie" per la condivisione di momenti in tempo reale sta crescendo. Questo approccio crea un senso di autenticità e immedesimazione tra gli utenti.

10. Il Metaverse e la Realtà Aumentata: Instagram sta esplorando il metaverse e la realtà aumentata, aprendo nuove possibilità per esperienze virtuali e interazioni coinvolgenti.

Queste tendenze attuali su Instagram riflettono l'evoluzione della piattaforma in risposta alle aspettative mutevoli degli utenti e alle sfide della cultura digitale contemporanea. Restare aggiornati su queste tendenze è essenziale per utenti, influencer e brand che vogliono avere successo su questa piattaforma in costante mutamento.

Capitolo 2: Prepararsi per la Fama

Il desiderio di fama è un sentimento condiviso da molte persone in tutto il mondo. Essere al centro dell'attenzione può portare gratificazioni e opportunità uniche, ma comporta anche sfide e responsabilità significative. Ecco come prepararsi per la fama e gestire i cambiamenti che essa può portare nella vita di un individuo.

1. Auto-Conoscenza: Il primo passo per prepararsi per la fama è comprendere se stessi profondamente. Ciò significa esplorare le proprie passioni, valori e obiettivi personali. La fama può distorcere l'identità e le priorità, quindi è importante avere una base solida da cui partire.

2. Abilità di Comunicazione: La capacità di comunicare in modo efficace è essenziale per chi aspira alla fama. Imparare a esprimere le proprie idee, emozioni e pensieri chiaramente e persuasivamente può essere cruciale per gestire l'attenzione mediatica.

3. Gestione delle Aspettative: È importante avere aspettative realistiche sulla fama. Essa può portare successo e opportunità, ma non risolve automaticamente i problemi personali o porta felicità. Prepararsi mentalmente per le sfide è altrettanto importante quanto prepararsi per le opportunità.

4. Riservatezza e Privacy: La fama spesso comporta una maggiore esposizione mediatica e una ridotta privacy. Imparare a proteggere la propria vita privata, stabilendo confini chiari tra il pubblico e il privato, è cruciale per preservare il proprio benessere.

5. Supporto Sociale: Avere una rete di sostegno solida è fondamentale. La fama può essere stressante, e avere amici, familiari o consulenti di fiducia con cui condividere le esperienze può aiutare a gestire le pressioni.

6. Integrità e Valori: Mantenere l'integrità personale e rimanere fedeli ai propri valori è essenziale mentre ci si avvicina alla fama. La pressione per conformarsi alle aspettative degli altri può essere intensa, ma mantenere un senso di sé autentico è cruciale.

7. Impegno Sociale e Responsabilità: La fama può essere una piattaforma per influenzare positivamente il mondo. Prepararsi per la fama significa anche riconoscere la responsabilità sociale e l'opportunità di fare la differenza attraverso la visibilità.

8. Crescita Personale Continua: La fama non è il traguardo finale ma un capitolo nella vita di una persona. Continuare a crescere personalmente, imparando e adattandosi alle nuove sfide è fondamentale per gestire la fama a lungo termine.

Prepararsi per la fama richiede tempo, riflessione e lavoro su se stessi. È un viaggio che può portare a grandi opportunità e impatto, ma è importante essere consapevoli dei cambiamenti che comporta e delle responsabilità che comporta. La fama può essere una benedizione o una sfida, ma con la giusta preparazione e mentalità, può essere gestita in modo costruttivo e gratificante.

Definire il tuo obiettivo su Instagram

Instagram è una piattaforma social dinamica, e per ottenere il massimo da essa, è fondamentale definire chiaramente i tuoi obiettivi. Che tu sia un individuo, un'azienda o un influencer, avere un obiettivo ben definito ti aiuterà a pianificare le tue azioni e a misurare il tuo successo su questa piattaforma. Ecco come definire il tuo obiettivo su Instagram.

1. Identifica la Tua Motivazione: Prima di tutto, chiediti perché desideri essere su Instagram. Qual è la tua motivazione principale? Può essere la promozione del tuo brand, la condivisione della tua passione per la fotografia, l'interazione con una comunità specifica o la promozione di un prodotto o servizio.

2. Sii Specifico: Gli obiettivi vaghi non porteranno a risultati chiari. Sii specifico su ciò che desideri raggiungere. Ad esempio, se il tuo obiettivo è promuovere un negozio online, potresti definire un obiettivo specifico di aumentare le vendite del 20% entro sei mesi.

3. Misurabilità: Assicurati che il tuo obiettivo sia misurabile. Puoi utilizzare metriche come il numero di follower, il coinvolgimento (likes, commenti, condivisioni), il traffico al sito web o le conversioni (acquisti, registrazioni) per misurare il tuo progresso.

4. Realismo: Sii realistico riguardo alle tue risorse e alla tua capacità di raggiungere l'obiettivo. Un obiettivo troppo ambizioso potrebbe essere difficile da raggiungere senza una pianificazione adeguata.

5. Tempistica: Stabilisci una tempistica chiara per il tuo obiettivo. Determina quando desideri raggiungerlo e suddividi il percorso in tappe più piccole per mantenere il monitoraggio del progresso.

6. Adatta l'Obiettivo alla Tua Audiencia: Considera il tuo pubblico target e assicurati che il tuo obiettivo sia rilevante per loro. L'obiettivo dovrebbe rispondere ai loro bisogni e interessi.

7. Pianifica la Tua Strategia: Una volta definito l'obiettivo, sviluppa una strategia per raggiungerlo. Questo potrebbe includere la creazione di contenuti specifici, l'uso di hashtag mirati, la collaborazione con altri utenti o la pianificazione di campagne pubblicitarie.

8. Monitora e Adatta: Non dimenticare di monitorare regolarmente il progresso verso il tuo obiettivo. Se scopri che non stai raggiungendo i tuoi obiettivi, sii flessibile e aperto a modificare la tua strategia.

9. Celebra il Successo: Quando raggiungi il tuo obiettivo, celebra il successo. Questo ti motiverà a continuare a migliorare e a definire nuovi obiettivi su Instagram.

Creare un profilo attraente

Un profilo attraente su Instagram è fondamentale per attirare follower e coinvolgere il pubblico. Ecco come puoi creare un profilo che si distingua e catturi l'attenzione.

1. Nome Utente Memorabile: Il tuo nome utente dovrebbe essere facile da ricordare e identificativo. Idealmente, dovrebbe riflettere la tua identità o il tuo brand. Evita caratteri speciali complicati o nomi troppo lunghi.

2. Foto Profilo Riconoscibile: Utilizza una foto profilo chiara e riconoscibile. Se sei un individuo, usa una foto di te stesso in modo che gli utenti possano identificarti facilmente. Per un brand o un'azienda, usa il logo o un'immagine distintiva.

3. Biografia Coinvolgente: La tua biografia è il posto in cui puoi presentarti in poche parole. Usa questo spazio per comunicare chi sei o cosa fai. Usa emoji o hashtag pertinenti per aggiungere un tocco personale.

4. Link Utili: Instagram permette di aggiungere un link cliccabile nella tua biografia. Utilizza questo spazio per collegare al tuo sito web, a un blog o a una landing page rilevante.

5. Highlight delle Storie: Utilizza gli "highlight delle storie" per evidenziare i tuoi contenuti migliori o le categorie di contenuti più importanti. Questi sono visibili direttamente sotto la tua biografia e possono aiutare gli utenti a scoprire i tuoi contenuti più interessanti.

6. Contenuti di Alta Qualità: Carica foto e video di alta qualità. Presta attenzione alla composizione, all'illuminazione e alla coerenza estetica dei tuoi contenuti.

7. Utilizzo Consistente degli Hashtag: Usa hashtag pertinenti ai tuoi contenuti. Gli hashtag aumentano la visibilità dei tuoi post e permettono agli utenti di scoprire il tuo profilo.

8. Coinvolgi il Pubblico: Rispondi ai commenti e ai messaggi diretti dei tuoi follower. L'interazione è fondamentale per creare un legame con il tuo pubblico.

9. Pianificazione dei Contenuti: Crea un calendario editoriale per pianificare i tuoi post. Mantenere una frequenza costante di pubblicazione può mantenere il tuo pubblico coinvolto.

10. Utilizzo delle Storie: Usa le Storie di Instagram per condividere contenuti quotidiani, aggiornamenti e dietro le quinte. Questo rende il tuo profilo più dinamico.

11. Collaborazioni e Tag: Collabora con altri utenti o brand e taggali nei tuoi post quando appropriato. Questo può aiutare a espandere il tuo pubblico.

12. Analisi delle Statistiche: Utilizza le analisi di Instagram per monitorare le prestazioni del tuo profilo. Queste informazioni possono aiutarti a capire cosa funziona e cosa no, consentendoti di adattare la tua strategia.

13. Coerenza e Autenticità: Mantieni una voce coerente e autentica nel tuo profilo. Sii te stesso o rifletti l'identità del tuo brand in modo genuino.

Creare un profilo attraente su Instagram richiede tempo e cura nei dettagli, ma può fare la differenza nella tua capacità di attrarre e coinvolgere il tuo pubblico target. Ricorda di essere costante nella tua presenza su Instagram e di adattare la tua strategia in base ai feedback e alle reazioni dei tuoi follower.

Instagram e l'Incremento della Tua Popolarità: Strategie per il Successo

Scelta del nome utente e della bio perfetta

La scelta del nome utente e della bio su Instagram è fondamentale perché rappresenta la tua prima impressione per gli utenti che visitano il tuo profilo. Ecco come scegliere un nome utente e una bio perfetta:

Nome Utente:
1. **Semplicità e Memorabilità:** Il tuo nome utente dovrebbe essere semplice, facile da ricordare e pronunciare. Evita caratteri speciali o combinazioni complesse che possano confondere gli utenti.
2. **Relevanti all'Identità:** Il nome utente dovrebbe riflettere chi sei o cosa rappresenta il tuo profilo. Se sei un individuo, puoi utilizzare il tuo nome o un soprannome riconoscibile. Per un brand o un'azienda, il nome dovrebbe essere il nome del marchio o qualcosa di strettamente collegato ad esso.
3. **Consistenza sui Social Media:** Se possibile, cerca di mantenere coerenza tra il tuo nome utente su Instagram e gli altri social media, in modo che gli utenti possano trovarti facilmente ovunque.
4. **Evita Numeri Lunghi:** Evita di aggiungere una serie infinita di numeri alla fine del tuo nome utente. Scegli un numero breve e significativo, se necessario.

Bio:
1. **Sintesi e Chiarezza:** La tua bio ha uno spazio limitato, quindi rendi ogni parola contata. Sii chiaro e sintetico nel comunicare chi sei e cosa fai.
2. **Utilizzo di Emoji:** Gli emoji possono essere utili per aggiungere un tocco di personalità e rendere la tua bio più accattivante. Usa emoji pertinenti alla tua identità o al tuo messaggio.

3. **Link Cliccabile:** Utilizza il link cliccabile nella bio per collegare al tuo sito web, blog, negozio online o qualsiasi altra risorsa rilevante. Assicurati che il link sia sempre aggiornato.

4. **Hashtag Relevanti:** Se hai hashtag specifici associati al tuo profilo o alle tue attività, puoi includerli nella bio. Questo può aiutare gli utenti a trovare facilmente contenuti correlati.

5. **Un Tocco Personale:** Aggiungi un tocco personale alla tua bio. Puoi condividere interessi, passioni o dettagli che ti rendono unico.

6. **Chiama all'Azione:** Includi una chiamata all'azione se desideri che gli utenti compiano una specifica azione, come visitare il tuo sito web, acquistare un prodotto o seguire un altro profilo.

7. **Aggiornamenti Periodici:** La tua bio non deve essere statica. Puoi modificarla periodicamente per riflettere cambiamenti nella tua vita o nelle tue attività.

Capitolo 3: Creare contenuti di qualità

La creazione di contenuti di alta qualità è fondamentale per avere successo su Instagram, una piattaforma incentrata sull'immagine e sulla condivisione visuale. Ecco alcuni consigli chiave per creare contenuti che attirino e coinvolgano il tuo pubblico:

1. **Fotografia e Composizione:** Investi in una buona fotocamera o usa il massimo delle capacità della fotocamera del tuo smartphone. Assicurati che le tue foto siano ben composte, con un'attenzione particolare all'equilibrio, all'uso della luce e alla prospettiva.

2. **Ricerca di Tendenze:** Tieni d'occhio le tendenze su Instagram. Scopri quali tipi di contenuti funzionano bene nella tua nicchia e cerca di adattarli in modo creativo alla tua voce e ai tuoi interessi.

3. **Crea una Storia:** I post su Instagram dovrebbero raccontare una storia o comunicare un messaggio. Non limitarti a condividere immagini casuali; cerca di creare una narrazione attraverso i tuoi post.

4. **Consistenza Estetica:** Mantieni una coerenza estetica nel tuo feed. Usa un filtro o uno stile di editing riconoscibile che si adatti al tuo marchio personale o all'identità del tuo profilo.

5. **Varietà dei Contenuti:** Non limitarti a un solo tipo di contenuto. Sperimenta con foto, video, collage, storie, Reels e altro ancora. La varietà tiene il tuo pubblico coinvolto.

6. **Hashtag Pertinenti:** Utilizza hashtag pertinenti e di tendenza per aumentare la visibilità dei tuoi post. Evita di esagerare con gli hashtag e cerca di mantenerli rilevanti.

7. **Scritture Coinvolgenti:** Le didascalie dei tuoi post dovrebbero essere coinvolgenti e pertinenti al contenuto. Fornisci contesto, storie personali o domande per stimolare la partecipazione degli utenti.

8. **Collaborazioni Creative:** Collabora con altri utenti o influencer per creare contenuti congiunti. Questo può espandere la tua audience e portare nuove prospettive.

9. **Risoluzione Adeguata:** Assicurati che le tue immagini siano ad alta risoluzione per garantire una qualità ottimale quando vengono visualizzate su schermi diversi.

10. **Pianificazione Consapevole:** Pianifica i tuoi contenuti in anticipo. Un calendario editoriale può aiutarti a mantenere una frequenza costante di pubblicazione e a evitare il blocco creativo.

11. Feedback e Adattamento: Monitora le interazioni e le metriche dei tuoi post. Prendi nota di ciò che funziona meglio e adatta la tua strategia di conseguenza.

12. Sii Autentico: Infine, sii te stesso. La sincerità e l'autenticità si riflettono nei tuoi contenuti e attraggono un pubblico genuino che si identifica con te.

Creare contenuti di qualità richiede pratica e pazienza, ma può fare la differenza nel crescere su Instagram. Continua a migliorare le tue abilità fotografiche, a esplorare nuove idee e a mantenere un approccio creativo e genuino nella creazione dei tuoi post.

Fotografica e videografia su Instagram

Su Instagram, l'arte della fotografia e della videografia è essenziale per catturare l'attenzione del tuo pubblico e distinguerti. Ecco alcuni consigli su come sfruttare al meglio questi elementi per creare contenuti coinvolgenti:

1. Qualità è la Priorità: La qualità delle tue foto e dei tuoi video è fondamentale. Assicurati di utilizzare dispositivi di registrazione di alta qualità, come fotocamere reflex digitali o smartphone avanzati, per ottenere immagini nitide e video chiari.

2. Luce e Illuminazione: La luce è un elemento chiave. Sfrutta la luce naturale quando possibile e evita l'uso eccessivo del flash. Esperimenti con l'illuminazione per creare effetti visivi interessanti.

3. Composizione Artistica: Impara i principi della composizione fotografica, come la regola dei terzi, la prospettiva e il bilanciamento. Utilizza queste tecniche per creare immagini e video ben bilanciati e attraenti.

4. Editing Creativo: Usa software di editing fotografico o app di editing video per migliorare e personalizzare i tuoi contenuti. Puoi aggiungere filtri, regolare la luminosità e il contrasto, o aggiungere effetti speciali per creare un'estetica unica.

5. Raccontare una Storia: Le tue foto e i tuoi video dovrebbero comunicare un messaggio o raccontare una storia. Pensa a cosa vuoi trasmettere e crea il tuo contenuto in modo che supporti quel messaggio.

6. Esperimenta con i Formati: Instagram offre diverse opzioni di formato, tra cui post standard, storie, Reels e IGTV. Sfrutta queste opzioni per variare il tuo contenuto e tenere il tuo pubblico coinvolto.

7. Mantieni la Coerenza: Mantieni una coerenza estetica nel tuo feed. Usa un tema visivo o una palette di colori riconoscibile per rendere il tuo profilo visivamente accattivante.

8. Video Coinvolgenti: Se utilizzi video, assicurati che siano brevi e coinvolgenti. Cattura l'attenzione del pubblico nei primi secondi e mantieni il ritmo.

9. Collaborazioni Creative: Considera la possibilità di collaborare con altri fotografi, videomaker o creatori di contenuti per ottenere nuove prospettive e idee.

10. Feedback e Miglioramenti: Non smettere mai di imparare e migliorare. Raccogli feedback dal tuo pubblico e studia il lavoro di altri creativi su Instagram per trovare ispirazione.

11. Esprimi Te Stesso: Infine, non dimenticare di esprimere te stesso attraverso la tua fotografia e videografia. Mostra la tua personalità e le tue passioni attraverso il tuo lavoro.

La fotografia e la videografia su Instagram sono un'arte in continua evoluzione. Sperimenta, impara dalle tue esperienze e dai feedback dei tuoi follower e continua a migliorare le tue abilità creative per creare contenuti che si distinguano nella vasta comunità di Instagram.

Uso di Instagram Stories e Reels

Le Instagram Stories e i Reels sono strumenti potenti per coinvolgere il tuo pubblico e condividere contenuti creativi in modo breve ma impattante. Ecco come utilizzarli efficacemente:

1. Stories Creative:

Contenuti Effimeri: Le Stories sono temporanee e scompaiono dopo 24 ore. Usa questo formato per condividere contenuti più informali, dietro le quinte, aggiornamenti quotidiani o momenti fugaci.

Utilizza Funzionalità Interattive: Sfrutta le funzionalità interattive delle Stories, come le domande, le sfide e i sondaggi, per coinvolgere il tuo pubblico e raccogliere feedback.

Narrazione a Puntate: Usa le Stories per creare una narrazione a puntate. Condividi parti di una storia più ampia in più segmenti per mantenere il pubblico coinvolto.

Link Swipe-Up: Se hai oltre 10.000 follower o sei un account verificato, puoi utilizzare la funzione "Swipe-Up" per collegare direttamente a un sito web o a una pagina esterna dalle tue Stories

2. Reels Creativi:

- **Contenuti Video di 15-60 Secondi:** I Reels sono video brevi che durano da 15 a 60 secondi. Sfrutta questo spazio per raccontare storie creative, condividere tutorial rapidi o intrattenere il tuo pubblico.

- **Musica e Effetti Speciali:** Utilizza la vasta libreria

musicale e gli effetti speciali disponibili su Instagram per rendere i tuoi Reels più coinvolgenti e divertenti.

- **Hashtag Pertinenti:** Usa hashtag pertinenti ai contenuti dei tuoi Reels per aumentare la visibilità. Puoi anche partecipare a sfide virali utilizzando i tag appropriati.

- **Narrazione Veloce:** Poiché il tempo è limitato nei Reels, assicurati di essere conciso e di catturare l'attenzione del pubblico rapidamente. Inizia con un impatto e mantieni un ritmo coinvolgente.

3. Consigli Generali:

- **Coerenza Tematica:** Mantieni una coerenza tematica nei tuoi Stories e Reels per mantenere il tuo profilo riconoscibile e coerente.

- **Programmazione Regolare:** Pianifica la pubblicazione regolare di Stories e Reels per mantenere il tuo pubblico coinvolto. Utilizza strumenti di pianificazione se necessario.

- **Interagisci con il Pubblico:** Rispondi ai commenti e ai messaggi diretti che ricevi sui tuoi Stories e Reels. L'interazione con il pubblico è fondamentale per costruire relazioni.

- **Monitora le Prestazioni:** Utilizza le analisi di Instagram per monitorare le prestazioni dei tuoi Stories e Reels. Questo ti aiuterà a capire cosa funziona meglio e a adattare la tua strategia.

- **Crea Contenuti Originali:** Cerca sempre di creare contenuti originali e unici. L'originalità può aiutarti a distinguerti su Instagram.

Instagram e l'Incremento della Tua Popolarità: Strategie per il Successo

Capitolo 4: Costruire un Seguito

Costruire un seguito su Instagram richiede tempo, impegno e strategia. Ecco alcune strategie efficaci per aumentare il tuo pubblico su questa piattaforma:

1. **Definisci il Tuo Niche:** Sii chiaro sulla tua nicchia o argomento principale. Identifica ciò che ti rende unico e interessante all'interno di quella nicchia. Una definizione chiara ti aiuterà ad attirare un pubblico specifico.

2. **Contenuto di Qualità:** Crea contenuti di alta qualità che siano interessanti, informativi o intrattenenti. Le persone seguiranno il tuo profilo se trovano valore nei tuoi post.

3. **Frequenza di Pubblicazione:** Mantieni una frequenza costante di pubblicazione. Pianifica un calendario editoriale e pubblica regolarmente per mantenere il tuo pubblico coinvolto.

4. **Hashtag Pertinenti:** Usa hashtag pertinenti al tuo contenuto per aumentare la visibilità dei tuoi post. Cerca di bilanciare l'uso degli hashtag popolari con quelli più specifici alla tua nicchia.

5. **Collaborazioni:** Collabora con altri utenti o influencer all'interno della tua nicchia. Questo può aiutarti a raggiungere nuovi pubblici e ottenere esposizione.

6. **Interazione Attiva:** Interagisci con il tuo pubblico e con altri profili simili. Rispondi ai commenti e ai messaggi diretti e partecipa alle conversazioni sulla piattaforma.

7. **Utilizzo delle Storie e dei Reels:** Sfrutta le Instagram Stories e i Reels per condividere contenuti brevi e coinvolgenti che attirano l'attenzione del tuo pubblico.

8. **Concorrenza Positiva:** Tieni d'occhio la concorrenza

all'interno della tua nicchia e impara dalle strategie che funzionano per gli altri.

9. **Promozioni a Pagamento:** Se disponi di un budget, considera l'opzione di promuovere i tuoi post o il tuo profilo tramite pubblicità a pagamento per raggiungere un pubblico più ampio.

10. **Stories in Evidenza:** Usa le Stories in evidenza per organizzare i tuoi contenuti migliori in categorie facilmente accessibili per il tuo pubblico.

11. **Analizza e Adatta:** Utilizza le analisi di Instagram per monitorare le prestazioni del tuo profilo. Scopri quali post funzionano meglio e adatta la tua strategia in base ai dati.

12. **Offri Valore:** Condividi contenuti informativi, tutorial, consigli pratici o ispirazione. Offrire valore al tuo pubblico può aiutarti a costruire una comunità fedele.

13. **Sii Autentico:** Mostra la tua autenticità. Gli utenti si connettono meglio con profili genuini e persone reali.

Ricorda che la costruzione di un seguito su Instagram è un processo graduale. Concentrati sulla qualità dei tuoi contenuti, sull'interazione con il tuo pubblico e sulla costanza nella tua presenza sulla piattaforma. Con il tempo e la dedizione, vedrai crescere il tuo seguito e costruirai una community impegnata e appassionata.

Strategie per aumentare i follower

Aumentare il numero dei tuoi follower su Instagram richiede tempo e impegno, ma può essere raggiunto con strategie mirate. Ecco alcune strategie efficaci:

1. **Contenuti di Qualità:** La qualità dei tuoi contenuti è fondamentale. Pubblica foto e video ben realizzati, interessanti e coerenti con il tuo stile e la tua nicchia.

2. Utilizzo degli Hashtag: Usa hashtag pertinenti e popolari nei tuoi post. Gli hashtag aumentano la visibilità dei tuoi contenuti e permettono a nuovi utenti di scoprire il tuo profilo.

3. Interagisci con il Pubblico: Rispondi ai commenti e ai messaggi diretti dei tuoi follower in modo da creare un legame più forte con loro. L'interazione dimostra che ti interessi genuinamente del tuo pubblico.

4. Collabora con Altri: Collabora con altri utenti, influencer o aziende all'interno della tua nicchia. Questo può aiutarti a raggiungere un pubblico nuovo e più ampio.

5. Promuovi i Tuoi Post: Se hai un budget per la pubblicità, considera l'opzione di promuovere i tuoi post o il tuo profilo tramite annunci a pagamento per raggiungere un pubblico mirato.

6. Condividi Contenuti Originali: Cerca sempre di creare contenuti originali che si distinguano dalla massa. L'autenticità può attirare un pubblico fedele.

7. Pianifica la Tua Strategia: Crea un piano editoriale per pianificare quando e cosa pubblicare. Mantenere una coerenza nella frequenza di pubblicazione può aiutarti a mantenere il pubblico coinvolto.

8. Utilizza le Instagram Stories e i Reels: Sfrutta le Stories e i Reels per condividere contenuti brevi e coinvolgenti che attirano l'attenzione del tuo pubblico.

9. Partecipa a Sfide e Tendenze: Partecipa a sfide e tendenze virali su Instagram utilizzando gli hashtag appropriati. Questo può aumentare la tua visibilità.

10. Utilizza le Analisi: Utilizza le analisi di Instagram per monitorare le prestazioni del tuo profilo. Scopri quali post funzionano meglio e adatta la tua strategia in base ai dati.

11. **Costruisci una Community:** Crea un senso di comunità intorno al tuo profilo. Rispondi alle domande dei tuoi follower, incoraggia le discussioni e crea legami autentici.

12. **Partecipa a Eventi e Concorsi:** Partecipa a eventi, contest o iniziative nella tua nicchia. Questo può aiutarti a farti notare da altri utenti interessati all'argomento.

13. **Sii Costante:** La costanza è la chiave. Non aspettarti risultati immediati; costruire un seguito su Instagram richiede tempo.

Ricorda che la costruzione di un seguito su Instagram è un processo graduale. Concentrati sulla coerenza, sulla qualità e sull'interazione con il tuo pubblico. Con dedizione e strategia, vedrai crescere il numero dei tuoi follower nel tempo.

Utilizzare gli hashtag in modo efficace

Gli hashtag sono uno strumento potente su Instagram per aumentare la visibilità dei tuoi contenuti e raggiungere un pubblico più ampio. Ecco come utilizzarli in modo efficace:

1. **Scegliere Hashtag Pertinenti:** Gli hashtag dovrebbero essere pertinenti al contenuto che stai condividendo. Considera quali parole chiave o frasi meglio descrivono il tuo post.

2. **Ricerca di Hashtag:** Utilizza la funzione di ricerca di Instagram per trovare hashtag correlati e scoprire quelli che sono popolari all'interno della tua nicchia. Puoi anche usare strumenti online per trovare hashtag rilevanti.

3. **Bilanciare Popolarità e Specificità:** Usa una combinazione di hashtag popolari e specifici. Gli hashtag popolari possono aumentare la visibilità, ma i hashtag più specifici attireranno un pubblico più mirato.

4. **Evitare Hashtag Spam:** Non esagerare con il numero di hashtag in un post. Instagram consiglia di usare circa 3-5 hashtag rilevanti per post, ma puoi aumentare questa quantità moderatamente se hai una buona ragione per farlo.

5. **Hashtag Branded:** Se hai un marchio o un'azienda, crea un hashtag personalizzato e promuovilo. Questo può aiutarti a rafforzare il tuo brand e incoraggiare gli utenti a partecipare.

6. **Hashtag Locali:** Se il tuo business è localizzato, utilizza hashtag locali per attirare un pubblico locale. Questo è particolarmente utile per attività come ristoranti, negozi o servizi locali.

7. **Monitorare l'Engagement:** Controlla quali hashtag

generano più interazioni e coinvolgimento. Questo ti permetterà di capire quali sono i più efficaci per il tuo pubblico.

8. **Varietà di Hashtag:** Usa una varietà di hashtag diversi per i tuoi post. Non utilizzare sempre gli stessi, ma cambiali in base al contenuto e all'argomento.

9. **Nascondere Hashtag:** Puoi nascondere gli hashtag dal testo principale del tuo post mettendoli in un commento subito dopo la pubblicazione. Questo mantiene il tuo post pulito e leggibile.

10. **Evitare Hashtag Irrilevanti:** Evita di utilizzare hashtag completamente irrilevanti solo per cercare di aumentare la visibilità. Questo può danneggiare la tua credibilità.

11. **Hashtag nelle Storie:** Puoi anche utilizzare hashtag nelle Instagram Stories per aumentare la visibilità di contenuti temporanei.

12. **Seguire Hashtag:** Segui gli hashtag che ti interessano. Questo ti permetterà di vedere i post relativi a quegli hashtag nel tuo feed.

13. **Interagire con gli Hashtag:** Non limitarti a usare gli hashtag, interagisci con i post e le storie che utilizzano gli stessi hashtag. Questo può aiutarti a costruire connessioni e attirare utenti interessati.

Utilizzare gli hashtag in modo efficace su Instagram richiede una strategia ponderata. Scegliere attentamente gli hashtag e monitorare i risultati ti aiuterà a massimizzare la visibilità dei tuoi contenuti e a raggiungere un pubblico più ampio.

Instagram e l'Incremento della Tua Popolarità: Strategie per il Successo

Capitolo 5: Monetizzare la fama

Una volta che hai costruito una base di follower e hai raggiunto una certa fama su Instagram, puoi considerare diverse strategie per monetizzare la tua presenza sulla piattaforma. Ecco alcune opzioni da esplorare:

1. **Collaborazioni Sponsorizzate:** Collabora con brand o aziende per promuovere i loro prodotti o servizi attraverso post sponsorizzati. Le collaborazioni sponsorizzate possono generare entrate consistenti, soprattutto se hai una nicchia specifica o un pubblico altamente coinvolto.

2. **Affiliate Marketing:** Partecipa a programmi di affiliazione e promuovi prodotti o servizi di terze parti. Guadagnerai una commissione per ogni vendita generata attraverso i tuoi link di affiliazione.

3. **Vendita di Prodotti o Servizi:** Se hai un marchio personale o un'attività, puoi utilizzare Instagram per promuovere e vendere i tuoi prodotti o servizi direttamente al tuo pubblico.

4. **Offerte Esclusive per Follower:** Incoraggia i tuoi follower a diventare clienti offrendo loro offerte e sconti esclusivi. Questo può stimolare le vendite e la fedeltà dei clienti.

5. **Creazione di Contenuti a Pagamento:** Se hai competenze particolari, come la fotografia, la scrittura o il design, puoi offrire servizi di creazione di contenuti a pagamento per marchi o altri influencer.

6. **Vendita di Merchandising:** Se hai un seguito fedele, considera la possibilità di creare e vendere merchandising

con il tuo brand, come magliette, cappellini o adesivi.

7. **Corsi Online o Consulenza:** Se sei esperto in un determinato settore, offri corsi online o servizi di consulenza ai tuoi follower interessati.

8. **Donazioni o Sostegno da Parte dei Follower:** Se hai un forte legame con il tuo pubblico, alcuni follower potrebbero essere disposti a donare o sostenere finanziariamente il tuo lavoro tramite piattaforme di crowdfunding o Patreon.

9. **Partecipazione a Eventi o Conferenze:** Invitazioni a eventi, conferenze o panel di discussione possono rappresentare un'opportunità di guadagno. Alcuni eventi possono pagare per la partecipazione degli influencer.

10. **Produzione di Contenuti Premium:** Crea contenuti premium a pagamento, come guide, e-book o video esclusivi, riservati ai tuoi sostenitori o clienti.

11. **Monitoraggio delle Prestazioni:** Utilizza strumenti di analisi per valutare l'efficacia delle tue strategie di monetizzazione e apporta modifiche in base ai risultati.

Ricorda che la monetizzazione richiede tempo e impegno, e dovresti sempre mantenere l'autenticità e la trasparenza con il tuo pubblico. Prima di intraprendere qualsiasi strategia di monetizzazione, assicurati di comprendere appieno le normative locali e di Instagram in merito alla pubblicità e alla sponsorizzazione.

Opportunità di guadagno su Instagram

Instagram offre molte opportunità di guadagno per coloro che hanno costruito una seguente fedele e impegnato. Ecco alcuni modi per monetizzare la tua presenza su questa piattaforma:

1. **Collaborazioni Sponsorizzate:** Collabora con marchi o aziende per promuovere i loro prodotti o servizi attraverso post sponsorizzati. Le collaborazioni sponsorizzate possono essere una fonte significativa di guadagno, soprattutto se hai un pubblico specifico o una nicchia di riferimento.

2. **Affiliate Marketing:** Partecipa a programmi di affiliazione e promuovi prodotti o servizi di terze parti. Guadagnerai una commissione su ogni vendita generata tramite i tuoi link di affiliazione.

3. **Vendita di Prodotti o Servizi:** Se hai un'attività, un marchio o offri servizi, puoi utilizzare Instagram per promuovere e vendere direttamente i tuoi prodotti o servizi al tuo pubblico.

4. **Offerte Esclusive per Follower:** Stimola le vendite e la fedeltà dei clienti offrendo ai tuoi follower offerte e sconti esclusivi sui tuoi prodotti o servizi.

5. **Corsi Online o Consulenza:** Se sei un esperto in un certo settore, puoi offrire corsi online, consulenza o coaching ai tuoi follower interessati.

6. **Creazione di Contenuti a Pagamento:** Se hai competenze creative, come la fotografia, la scrittura o la grafica, puoi offrire servizi di creazione di contenuti a

pagamento per marchi o altri influencer.

7. **Vendita di Merchandising:** Se hai una base di fan fedele, considera la possibilità di creare e vendere merchandising con il tuo brand, come magliette, cappellini o altri articoli.

8. **Donazioni o Sostegno da Parte dei Follower:** Alcuni dei tuoi follower più appassionati potrebbero essere disposti a donare o sostenere finanziariamente il tuo lavoro tramite piattaforme di crowdfunding o Patreon.

9. **Partecipazione a Eventi o Conferenze:** Invitazioni a eventi, conferenze o panel di discussione possono rappresentare opportunità di guadagno, con alcuni eventi che pagano gli influencer per la loro partecipazione.

10. **Produzione di Contenuti Premium:** Offri contenuti premium a pagamento, come guide, e-book o video esclusivi, riservati ai tuoi sostenitori o clienti.

11. **Collaborazioni Artistico-Creative:** Se sei un artista o un creativo, potresti collaborare con altri professionisti per progetti artistici congiunti che generano reddito.

12. **Consulenza di Marketing:** Se hai esperienza in marketing o social media, potresti offrire servizi di consulenza a imprese o individui che cercano di migliorare la loro presenza online.

13. **Iniziative di Crowdfunding:** Avvia una campagna di crowdfunding per finanziare un progetto specifico o per supportare la tua attività su Instagram.

Scegli le opportunità di guadagno che meglio si adattano

alla tua nicchia, al tuo pubblico e alle tue competenze. Ricorda di mantenere sempre un alto standard di autenticità e integrità nel modo in cui ti impegni con i tuoi follower e collabori con le aziende.

Capitolo 6: Consigli Avanzati

Per sfruttare al massimo Instagram e creare una presenza di successo, ecco alcuni consigli avanzati che possono aiutarti:

1. **Conosci il Tuo Pubblico:** Utilizza le analisi di Instagram per ottenere informazioni dettagliate sul tuo pubblico. Scopri quali sono i loro interessi, l'età, il genere e la posizione geografica. Questo ti aiuterà a personalizzare i contenuti in modo più efficace.

2. **Strategia di Contenuti:** Crea una strategia di contenuti ben definita. Pianifica in anticipo il tipo di contenuti che pubblicherai, assicurandoti di mantenere coerenza nel tuo stile e nella tua voce.

3. **Utilizza Instagram Insights:** Utilizza le metriche fornite da Instagram Insights per monitorare le prestazioni dei tuoi post. Scopri quali contenuti funzionano meglio in termini di coinvolgimento, visualizzazioni e conversioni.

4. **Collaborazioni di Alto Profilo:** Cerca di collaborare con influencer di alto profilo nella tua nicchia. Questo può aiutarti a raggiungere un pubblico più ampio e a costruire ulteriormente la tua credibilità.

5. **Strategia di Hashtag Personalizzati:** Crea un hashtag personalizzato e promuovilo tra i tuoi follower. Questo ti aiuterà a creare una comunità intorno al tuo brand e a rafforzarne il riconoscimento.

6. **Instagram Shopping:** Se vendi prodotti, considera di attivare Instagram Shopping. Questa funzione consente ai tuoi follower di acquistare direttamente dai tuoi post.

7. **Storie Interattive:** Utilizza le funzionalità interattive delle Instagram Stories, come sondaggi, domande e sondaggi di scelta multipla, per coinvolgere il tuo pubblico e ottenere feedback.

8. **Strumenti di Editing Avanzati:** Utilizza app di editing fotografico o video di alta qualità per migliorare ulteriormente la tua estetica visiva. Ciò può fare la differenza nella percezione della qualità del tuo brand.

9. **Innovazione Costante:** Sperimenta costantemente nuovi tipi di contenuti e approcci. Instagram è in continua evoluzione, quindi rimanere innovativi è fondamentale per rimanere rilevanti.

10. **Pubblicazioni Temporizzate:** Utilizza strumenti di programmazione per pianificare le pubblicazioni in anticipo. Questo ti consente di mantenere una presenza costante anche quando sei occupato.

11. **Coinvolgi il Tuo Pubblico:** Organizza concorsi, sfide o sondaggi per coinvolgere attivamente il tuo pubblico e incoraggiare l'interazione.

12. **Il Potere delle Emozioni:** I contenuti che evocano emozioni tendono ad avere un coinvolgimento maggiore. Cerca di connetterti con il tuo pubblico a un livello emotivo attraverso storie ispiratrici, divertenti o toccanti.

13. **Mantieni l'Autenticità:** Infine, rimani autentico e trasparente. Instagram è un luogo in cui le persone si connettono con persone reali. Mostra la tua autenticità e costruisci relazioni sincere con il tuo pubblico.

Seguendo questi consigli avanzati e adattando la tua

strategia in base all'evoluzione della piattaforma, potrai massimizzare il potenziale di Instagram per il tuo brand o business.

Analisi delle statistiche di Instagram

Le analisi delle statistiche su Instagram sono fondamentali per valutare l'efficacia della tua strategia e apportare miglioramenti mirati. Ecco come utilizzare queste statistiche per ottimizzare la tua presenza:

1. **Visualizzazioni del Profilo:** Monitora quante persone visualizzano il tuo profilo. Questo può darti un'idea di quanto il tuo contenuto attira nuovi visitatori.

2. **Impressioni:** Le impressioni indicano quante volte i tuoi contenuti sono stati visualizzati in totale. Puoi vedere quali contenuti hanno generato più impressioni e trarre ispirazione da essi.

3. **Interazioni:** Segui il numero di like, commenti e condivisioni sui tuoi post. Le interazioni sono un indicatore chiave dell'engagement del tuo pubblico.

4. **Follower Persi e Guadagnati:** Tieni traccia delle fluttuazioni nel numero dei tuoi follower. Questo può aiutarti a comprendere come il tuo contenuto influisce sulla tua base di follower.

5. **Demografia del Pubblico:** Le analisi di Instagram mostrano l'età, il genere e la posizione geografica dei tuoi follower. Queste informazioni sono preziose per adattare i tuoi contenuti alla tua audience.

6. **Orari di Maggiore Coinvolgimento:** Scopri quando il tuo pubblico è più attivo su Instagram. Pianifica le tue pubblicazioni per raggiungere il massimo coinvolgimento.

7. **Analizza i Contenuti Più Popolari:** Identifica i tuoi

post di maggior successo in termini di like, commenti e condivisioni. Cosa hanno in comune? Utilizza questa conoscenza per creare contenuti simili.

8. **Hashtag Efficaci:** Monitora l'efficacia degli hashtag che usi. Scopri quali hashtag generano più interazioni e incorporali strategicamente nei tuoi contenuti.

9. **Tempo di Visualizzazione delle Storie:** Se utilizzi le Stories, verifica quanto tempo i tuoi follower trascorrono a guardare ciascuna storia. Questo può darti un'idea di quanto le tue Stories siano coinvolgenti.

10. **Crescita del Follower:** Traccia il tasso di crescita dei tuoi follower nel tempo. Cerca di comprendere quali azioni o contenuti hanno contribuito a questa crescita.

11. **Confronta Periodi:** Compara le prestazioni di diverse settimane o mesi per identificare tendenze e cambiamenti nel tuo pubblico o nell'engagement.

12. **Obiettivi e KPI:** Definisci chiaramente gli obiettivi e le metriche chiave di performance (KPI) che desideri raggiungere con la tua presenza su Instagram. Valuta regolarmente se stai avvicinandoti a questi obiettivi.

13. **Feedback del Pubblico:** Prendi in considerazione il feedback dei tuoi follower attraverso i commenti e i messaggi diretti. Rispondi alle domande e ai commenti per dimostrare che ti importa del tuo pubblico.

Le analisi delle statistiche di Instagram sono una risorsa preziosa per migliorare la tua strategia e aumentare il successo della tua presenza online. Utilizza queste informazioni per adattare il tuo approccio in base ai dati e alle preferenze del tuo pubblico.

Segreti per migliorare l'engagement

L'engagement è fondamentale per il successo su Instagram. Ecco alcuni segreti per aumentarlo e coinvolgere il tuo pubblico in modo più efficace:

1. **Comprende il Tuo Pubblico:** Per coinvolgere il tuo pubblico, devi prima conoscerlo bene. Utilizza le analisi di Instagram per comprendere l'età, il genere, gli interessi e la posizione geografica dei tuoi follower. Questo ti aiuterà a creare contenuti pertinenti.

2. **Contenuti di Alta Qualità:** Investi tempo nella creazione di contenuti visualmente accattivanti. Foto e video di alta qualità attirano l'attenzione e dimostrano l'attenzione ai dettagli.

3. **Narrativa Coinvolgente:** Racconta storie coinvolgenti attraverso le tue immagini e le tue descrizioni. Usa didascalie interessanti e stimolanti che invitano il pubblico a interagire.

4. **Interagisci con i Follower:** Rispondi tempestivamente ai commenti e ai messaggi diretti. Mostrare che ti interessi del tuo pubblico crea un legame più forte.

5. **Hashtag Strategici:** Utilizza hashtag pertinenti e popolari nel tuo settore. Questi aiutano gli utenti a scoprire i tuoi contenuti.

6. **Crea Contenuti UGC:** User-Generated Content (contenuti generati dagli utenti) è un modo potente per coinvolgere il pubblico. Chiedi ai tuoi follower di condividere foto o storie che coinvolgono il tuo marchio.

7. **Sfide e Contest:** Organizza concorsi e sfide coinvolgenti. Chiedi ai tuoi follower di partecipare a un'attività che li intriga e offri premi interessanti.

8. **Domande e Sondaggi:** Utilizza le funzionalità interattive di Instagram, come le domande e i sondaggi nelle Stories, per coinvolgere il pubblico e raccogliere feedback.

9. **Storie Interessanti:** Le Instagram Stories sono un'opportunità per condividere contenuti più informali e autentici. Utilizzale per mostrare il dietro le quinte, eventi in tempo reale e contenuti esclusivi.

10. **Collaborazioni:** Collabora con altri influencer o aziende per aumentare la tua visibilità e raggiungere nuovi pubblici.

11. **Pubblica con Costanza:** Mantieni una frequenza regolare di pubblicazione. Questo mostra al tuo pubblico che sei impegnato e che ci sono sempre nuovi contenuti da scoprire.

12. **Ricompensa i Follower:** Offri ai tuoi follower sconti, offerte speciali o contenuti esclusivi come segno di gratitudine per il loro supporto.

13. **Feedback e Adattamento:** Ascolta il feedback dei tuoi follower e adatta la tua strategia di conseguenza. Dimostra che prendi sul serio le loro opinioni.

14. **Valuta le Prestazioni:** Utilizza le statistiche di Instagram per valutare quali contenuti e strategie funzionano meglio per il tuo pubblico. Continua a migliorare sulla base dei risultati ottenuti.

L'engagement su Instagram richiede tempo e impegno costante, ma seguendo questi segreti e rimanendo autentico, puoi costruire una comunità fedele di follower e aumentare la tua visibilità sulla piattaforma.

Creare contenuti virali

Creare contenuti virali su Instagram richiede creatività, strategia e una buona dose di impegno. Ecco alcuni suggerimenti per aiutarti a raggiungere questo obiettivo:

1. **Conosci il Tuo Pubblico:** Prima di tutto, devi conoscere bene il tuo pubblico. Quali sono i loro interessi, le tendenze che seguono e i problemi che cercano di risolvere? Comprendere chi sono i tuoi follower ti aiuterà a creare contenuti pertinenti.

2. **Ricerca di Tendenze:** Monitora le tendenze su Instagram e in generale sui social media. Cerca hashtag popolari e argomenti di tendenza che sono in linea con il tuo settore o la tua nicchia.

3. **Contenuti Visualmente Coinvolgenti:** Le immagini e i video devono essere esteticamente accattivanti e di alta qualità. Utilizza un'illuminazione adeguata, composizione interessante e strumenti di editing per migliorare la qualità visiva.

4. **Racconta una Storia:** I contenuti che raccontano una storia o suscitano emozioni tendono a diffondersi più facilmente. Cerca di coinvolgere il pubblico attraverso una narrazione avvincente.

5. **Sorprendi e Delizia:** Crea contenuti che sorprendano o divertano il tuo pubblico. L'umorismo, la sorpresa o la bellezza possono generare condivisioni.

6. **Utilizza i Contest:** Organizza contest o sfide

coinvolgenti che invitino il pubblico a partecipare attivamente. Offri premi interessanti per incentivare la partecipazione.

7. **Contenuti Educativi:** Condividi contenuti che insegnino qualcosa al tuo pubblico. I tutorial, le guide passo-passo o le informazioni utili possono essere altamente condivisibili.

8. **Collaborazioni Virali:** Collabora con altri influencer o utenti popolari su Instagram per creare contenuti insieme. Questo può aumentare la tua visibilità.

9. **Domande e Coinvolgimento:** Utilizza le funzionalità interattive di Instagram, come le domande nelle Stories, per coinvolgere il pubblico. Chiedi loro di partecipare o di condividere le loro opinioni.

10. **Frequenza di Pubblicazione:** Mantieni una frequenza costante di pubblicazione. Più pubblichi, maggiori sono le opportunità di creare contenuti virali.

11. **Hashtag Popolari:** Utilizza hashtag pertinenti e popolari per aumentare la visibilità dei tuoi contenuti. Ma non esagerare; troppi hashtag possono apparire spam.

12. **Sperimenta e Apprendi:** Non avere paura di sperimentare con nuove idee e approcci. Monitora attentamente le prestazioni dei tuoi contenuti e impara dagli errori e dai successi.

13. **Feedback del Pubblico:** Ascolta il feedback dei tuoi follower e adatta la tua strategia di conseguenza. Le opinioni del tuo pubblico possono aiutarti a migliorare continuamente.

Ricorda che la viralità non è garantita, ma seguendo questi suggerimenti e mantenendo la coerenza nella creazione di contenuti di alta qualità, aumenti le possibilità di creare contenuti che si diffondano su Instagram.

Restare aggiornati sulle nuove funzionalità di Instagram

Instagram è una piattaforma in continua evoluzione con nuove funzionalità e strumenti che vengono costantemente introdotti. Per rimanere aggiornati e sfruttare appieno queste novità, segui questi passi:

1. **Segui gli Account Ufficiali di Instagram:** Instagram ha account ufficiali, come @Instagram e @InstagramforBusiness, che forniscono aggiornamenti sulle ultime novità, funzionalità e suggerimenti per utenti e aziende.

2. **Abbonati alla Newsletter di Instagram:** Instagram invia regolarmente newsletter via email contenenti informazioni sulle nuove funzionalità e le ultime notizie. Assicurati di essere iscritto a queste newsletter tramite le impostazioni del tuo account.

3. **Partecipa ai Webinar di Instagram:** Instagram ospita webinar online in cui spiega le nuove funzionalità e offre suggerimenti sull'uso efficace della piattaforma. Partecipa a questi eventi quando sono disponibili.

4. **Ricerca Online:** Cerca notizie e articoli relativi a Instagram su siti di tecnologia, blog e risorse online specializzate. Queste fonti spesso segnalano le ultime novità e offrono guide dettagliate.

5. **Gruppi e Comunità Online:** Partecipa a gruppi di discussione e comunità online dedicate a Instagram. Su piattaforme come Facebook o Reddit, puoi trovare gruppi di utenti che condividono informazioni sulle novità e le migliori pratiche.

6. **Aggiorna l'App:** Assicurati di avere l'ultima versione dell'app Instagram installata sul tuo dispositivo. Le nuove funzionalità di solito vengono introdotte con gli aggiornamenti dell'app.

7. **Sperimenta e Impara:** Non avere paura di esplorare le nuove funzionalità da solo. Sperimenta con le nuove opzioni e impara come funzionano. Instagram spesso fornisce spiegazioni e tutorial all'interno dell'app stessa.

8. **Segui Influencer e Esperti:** Segui influencer e esperti di social media che condividono informazioni sulle nuove funzionalità di Instagram. Molte volte, questi professionisti condividono tutorial e consigli utili.

9. **Partecipa a Corsi e Workshop:** Se vuoi approfondire le tue conoscenze su Instagram, considera la partecipazione a corsi o workshop online o offline condotti da esperti di social media.

10. **Rete e Scambia Idee:** Interagisci con altri utenti e professionisti di Instagram. Scambia idee, strategie e informazioni sulle nuove funzionalità attraverso le reti di contatti.

Capitolo 7: Studi di Caso di Successo

1. **Nike:** Nike è nota per la sua presenza eccezionale su Instagram. Hanno sfruttato la piattaforma per creare una comunità di appassionati di fitness e sport, condividendo immagini e storie ispiratrici. La loro campagna #JustDoIt è diventata un'icona di motivazione.

2. **National Geographic:** National Geographic è famosa per le sue immagini straordinarie e il loro account Instagram non fa eccezione. Condividono fotografie mozzafiato di luoghi esotici, animali selvatici e avventure. Questo ha contribuito a creare una vasta e appassionata base di follower.

3. **Chiara Ferragni:** Questa influencer di moda italiana ha costruito un impero su Instagram. Condivide foto dei suoi outfit alla moda, viaggi in tutto il mondo e momenti di vita personale. Ha sfruttato la sua autenticità per guadagnare milioni di follower e collaborare con brand di moda di alto livello.

4. **Birra Corona:** Corona è stata abile nell'usare Instagram per promuovere uno stile di vita rilassato e vacanziero. Hanno condiviso immagini di spiagge tropicali e tramonti, creando un forte collegamento tra il loro prodotto e l'esperienza di evasione.

5. **Daniel Wellington:** Questo marchio di orologi ha sfruttato efficacemente Instagram per promuovere i loro prodotti. Hanno collaborato con molti influencer per mostrare i loro orologi in contesti di vita reale, creando un desiderio tra i follower.

6. **Natasha Oakley e Devin Brugman:** Queste due amiche hanno creato un marchio di costumi da bagno chiamato Monday Swimwear. Hanno condiviso foto in costume su Instagram, dimostrando che anche le donne "reali" possono sentirsi sicure e belle.

7. **GoPro:** GoPro ha creato una comunità di avventurieri su Instagram. Condividono foto e video catturati con le loro action cam, ispirando le persone a cercare emozioni all'aperto e condividere le proprie avventure.

8. **Airbnb:** Airbnb ha utilizzato Instagram per condividere foto delle case e degli alloggi unici che i loro utenti possono prenotare. Questo ha aiutato a mostrare la varietà delle offerte di alloggio Airbnb in tutto il mondo.

9. **Kim Kardashian:** Kim Kardashian è diventata una delle celebrità più seguite su Instagram. Condivide momenti della sua vita, la sua famiglia e promuove il suo marchio personale attraverso la piattaforma.

10. **Coca-Cola:** Coca-Cola è nota per le sue campagne creative su Instagram. Hanno coinvolto il pubblico attraverso hashtag come #ShareACoke e hanno creato contenuti coinvolgenti che celebrano la gioia e l'amicizia.

Questi studi di caso dimostrano come sia possibile ottenere successo su Instagram in vari settori, dalle aziende alle personalità pubbliche. Ogni caso presenta strategie uniche e un approccio creativo alla piattaforma.

Strategie vincenti

Per ottenere successo su Instagram, è essenziale sviluppare
una strategia efficace. Ecco alcune strategie vincenti che
possono aiutarti a raggiungere i tuoi obiettivi sulla
piattaforma:

1. **Definisci i Tuoi Obiettivi:** Prima di tutto, stabilisci
chiaramente gli obiettivi che desideri raggiungere su
Instagram. Che si tratti di aumentare i follower, aumentare
le vendite o creare consapevolezza del brand, definisci
obiettivi specifici e misurabili.

2. **Conosci il Tuo Pubblico:** Comprendere chi è il tuo
pubblico target è fondamentale. Raccogli dati demografici,
interessi e comportamenti per adattare i tuoi contenuti alle
esigenze e ai desideri del tuo pubblico.

3. **Crea Contenuti di Qualità:** Investi tempo nella
creazione di contenuti visivi di alta qualità. Foto e video
ben realizzati catturano l'attenzione e riflettono
positivamente sul tuo brand.

4. **Pianifica una Strategia di Contenuto:** Crea un
calendario editoriale per pianificare quando e cosa
pubblicherai. Assicurati di mantenere una coerenza
tematica e di stile nei tuoi contenuti.

5. **Utilizza Hashtag Strategici:** Ricerca e utilizza hashtag
pertinenti al tuo settore o alla tua nicchia. Gli hashtag
aumentano la visibilità dei tuoi contenuti e aiutano gli
utenti a scoprire il tuo profilo.

6. **Storie e Reels Creativi:** Sfrutta al massimo le
funzionalità delle Instagram Stories e dei Reels per creare

contenuti più brevi e dinamici che coinvolgano il tuo pubblico in modo immediato.

7. **Interagisci con il Pubblico:** Rispondi ai commenti e ai messaggi diretti dei tuoi follower. L'interazione dimostra che ti preoccupi del tuo pubblico e aiuta a costruire relazioni.

8. **Collaborazioni e Partnerships:** Esplora opportunità di collaborare con altri utenti, influencer o aziende rilevanti per il tuo settore. Questo può aiutarti a raggiungere un pubblico nuovo.

9. **Utilizza la Pubblicità a Pagamento:** Valuta la possibilità di utilizzare la pubblicità a pagamento su Instagram per raggiungere un pubblico più ampio e promuovere i tuoi prodotti o servizi.

10. **Monitora e Valuta:** Utilizza gli strumenti di analisi di Instagram per monitorare le prestazioni del tuo profilo e valutare quali strategie funzionano meglio. Adatta la tua strategia in base ai dati raccolti.

11. **Sii Autentico:** Mostra il lato autentico del tuo brand o della tua personalità. Instagram è un luogo in cui le persone si connettono con persone reali.

12. **Innovazione Costante:** Sperimenta costantemente nuovi tipi di contenuti e approcci. Instagram è in continua evoluzione, quindi rimanere innovativi è fondamentale per rimanere rilevanti.

13. **Valuta il Tempo di Pubblicazione:** Scopri quando il tuo pubblico è più attivo su Instagram e pubblica in quei momenti per massimizzare l'engagement.

14. **Mantieni la Coerenza:** Mantieni una coerenza visiva e di stile tra tutti i tuoi contenuti. Questo aiuta a creare un'identità di marca riconoscibile.

15. **Sfrutta le Storie in Evidenza:** Crea Storie in Evidenza per organizzare e presentare i tuoi contenuti più importanti o tematici in modo permanente sul tuo profilo.

16. **Partecipa alle Tendenze:** Partecipa alle tendenze e agli hashtag viral. Questo può aumentare la visibilità dei tuoi contenuti.

17. **Valuta i Feedback e le Recensioni:** Prendi in considerazione i feedback e le recensioni dei tuoi follower. Questo può aiutarti a migliorare i tuoi prodotti o servizi.

18. **Racconta una Storia:** Crea narrazioni coinvolgenti attraverso i tuoi contenuti. Storie interessanti e significative attirano l'attenzione.

19. **Cura la Biografia:** Assicurati che la tua biografia sia chiara, concisa e rifletta la tua identità. Includi un link diretto al tuo sito web o a una pagina di destinazione importante.

20. **Sii Costante e Paziente:** Il successo su Instagram richiede tempo e costanza. Non aspettarti risultati immediati, ma continua a lavorare costantemente sulla tua presenza.

Adottando queste strategie e adattandole alle esigenze specifiche del tuo brand o della tua presenza su Instagram, puoi aumentare le possibilità di raggiungere il successo sulla piattaforma.

Instagram e l'Incremento della Tua Popolarità: Strategie per il Successo

Capitolo 8: Il Futuro di Instagram

Instagram è una delle piattaforme di social media più popolari al mondo, ma il suo futuro è sempre in evoluzione. Ecco alcune tendenze e prospettive per il futuro di Instagram:

1. **Continuazione dell'Interazione Video:** Instagram ha già accentuato la sua enfasi sui contenuti video con le Instagram Stories e i Reels. Il futuro potrebbe vedere un aumento del focus sui video a lunga durata, sfidando la supremazia di YouTube.

2. **Commercio Elettronico Integrato:** Instagram Shopping è già una realtà, ma nel futuro potremmo vedere un'espansione di questa funzione, con un'enfasi ancora maggiore sulla vendita di prodotti direttamente sulla piattaforma.

3. **Maggiore Controllo della Privacy:** Con le crescenti preoccupazioni sulla privacy online, Instagram potrebbe implementare ulteriori strumenti di controllo della privacy per gli utenti, consentendo loro di gestire meglio chi può accedere ai loro contenuti.

4. **Realtà Aumentata (AR) e Virtual Reality (VR):** Instagram potrebbe integrare ulteriormente la realtà aumentata e la realtà virtuale nelle sue funzionalità. Questo potrebbe consentire agli utenti di creare e condividere esperienze virtuali uniche.

5. **Algoritmi di Intelligenza Artificiale Migliorati:** L'IA continuerà a essere una parte essenziale di Instagram. Gli algoritmi potrebbero diventare ancora più sofisticati nel

comprendere i contenuti che interessano agli utenti e personalizzando le loro esperienze.

6. **Audio Social:** La tendenza degli audio social, iniziata con piattaforme come Clubhouse, potrebbe influenzare Instagram. L'integrazione di funzionalità audio in diretta o la possibilità di condividere podcast potrebbero diventare realtà.

7. **Sviluppo Regionale:** Instagram potrebbe adattare ulteriormente la sua piattaforma per soddisfare le esigenze e le tendenze regionali, tenendo conto delle diverse culture e delle preferenze degli utenti in tutto il mondo.

8. **Collaborazioni e Partnership:** Le collaborazioni e le partnership tra influencer, aziende e Instagram potrebbero diventare più comuni e strutturate, consentendo a tutti i partecipanti di trarre vantaggio da queste relazioni.

9. **Lotta alla Disinformazione:** Instagram potrebbe intensificare gli sforzi per combattere la disinformazione e le notizie false sulla sua piattaforma, introducendo nuovi strumenti di verifica dei fatti e algoritmi migliorati.

10. **Focus sulla Salute Mentale:** Data l'attenzione crescente sulla salute mentale, Instagram potrebbe introdurre nuovi strumenti e risorse per aiutare gli utenti a gestire il tempo trascorso sulla piattaforma e promuovere un'esperienza più positiva.

11. **Creatività e Contenuti Autentici:** Nonostante le nuove funzionalità, la creatività e l'autenticità continueranno a essere valori chiave su Instagram. Gli utenti apprezzano contenuti originali e genuini.

In definitiva, il futuro di Instagram sarà guidato dalle esigenze e dalle preferenze degli utenti, dalle tendenze emergenti e dalla capacità della piattaforma di rimanere al passo con l'evoluzione del panorama dei social media. Ciò che è certo è che Instagram rimarrà un importante punto di riferimento per la condivisione di contenuti visivi e socializzazione online.

Tendenze emergenti su Instagram

Instagram è una piattaforma in continua evoluzione, e le tendenze emergenti riflettono l'evoluzione delle preferenze degli utenti e le nuove funzionalità della piattaforma. Ecco alcune delle tendenze emergenti su Instagram:

1. **Contenuti Video in Primo Piano:** I contenuti video stanno diventando sempre più dominanti su Instagram. Le storie in video, i Reels e i video di IGTV stanno guadagnando popolarità, spingendo gli utenti a creare e condividere contenuti video coinvolgenti.

2. **Autenticità e Trasparenza:** Gli utenti di Instagram cercano autenticità. Le persone apprezzano i contenuti che mostrano la vita reale, i dietro le quinte e le sfide quotidiane. Questa tendenza incoraggia la trasparenza da parte degli influencer e delle aziende.

3. **Shopping Direttamente su Instagram:** L'integrazione di funzionalità di shopping sta diventando sempre più prominente. Gli utenti possono sfogliare e acquistare prodotti direttamente dalla piattaforma, rendendo Instagram una destinazione di shopping.

4. **Contenuti Generati dagli Utenti (UGC):** Le aziende stanno incoraggiando sempre più i propri follower a condividere foto e recensioni dei loro prodotti o servizi. Questo aiuta a creare fiducia e coinvolgimento.

5. **Sostenibilità e Consapevolezza Ambientale:** La crescente preoccupazione per l'ambiente si riflette nei contenuti. Gli utenti condividono stili di vita sostenibili e marchi che adottano pratiche eco-friendly.

6. **Micro-Influencer:** Gli influencer con un seguito più piccolo, noti come "micro-influencer", stanno diventando popolari perché possono offrire un coinvolgimento più autentico e concentrato.

7. **Nostalgia e Retro:** Gli utenti stanno tornando ai toni e alle estetiche vintage, utilizzando filtri e stili fotografici che ricordano il passato.

8. **Contenuti Educativi:** La condivisione di conoscenze e informazioni è in aumento. Gli utenti cercano contenuti educativi, tutorial e guide su vari argomenti.

9. **Narrativa in Formato Storia:** Le storie in formato di narrazione stanno diventando comuni. Gli utenti utilizzano le Storie per raccontare una storia o condividere una serie di contenuti correlati.

10. **Video in Diretta:** Le trasmissioni in diretta stanno guadagnando popolarità. Gli utenti possono connettersi in tempo reale con il loro pubblico, rispondere alle domande e condividere momenti speciali.

11. **Hashtag di Nicchia:** Gli hashtag specifici di nicchia stanno diventando importanti per raggiungere un pubblico altamente mirato. Questi hashtag aiutano gli utenti a scoprire contenuti specifici.

12. **Creazione di Comunità:** Gli utenti stanno creando comunità online basate su interessi condivisi. Queste comunità favoriscono la condivisione e la connessione tra utenti con passioni simili.

13. **Esplorazione dell'Arte e della Creatività:** L'arte visiva e la creatività sono in prima linea su Instagram. Gli

utenti condividono opere d'arte, illustrazioni, fotografia creativa e molto altro.

14. Risposta alle Tendenze Culturali e Sociali:

Instagram è una piattaforma in cui le persone discutono di questioni culturali e sociali importanti. Gli utenti partecipano a conversazioni e condividono punti di vista.

Queste tendenze emergenti riflettono la diversità delle esperienze degli utenti su Instagram e offrono opportunità per la creatività, l'engagement e la connessione con il pubblico. Le aziende e gli influencer che seguono queste tendenze possono rimanere rilevanti e interessanti sulla piattaforma.

Prepararsi per il cambiamento

La natura dei social media, compreso Instagram, è intrinsecamente legata al cambiamento. Per rimanere rilevanti e prosperare sulla piattaforma, è fondamentale essere pronti ad adattarsi ai cambiamenti in corso e futuri. Ecco come prepararti per il cambiamento su Instagram:

1. **Mantieni un'Occhio sulle Novità:** Stai sempre aggiornato sulle ultime novità riguardanti Instagram. Segui gli account ufficiali di Instagram, leggi notizie del settore e partecipa a webinar o eventi formativi.

2. **Sperimenta e Impara:** Non avere paura di sperimentare con nuove funzionalità o approcci. Impara come funzionano e valuta come potrebbero integrarsi nella tua strategia.

3. **Diversifica i Contenuti:** Non mettere tutti i tuoi contenuti in un unico cesto. Sviluppa una varietà di contenuti, tra cui foto, video, storie e Reels, per raggiungere un pubblico più ampio.

4. **Flessibilità nella Strategia:** La tua strategia di social media deve essere flessibile. Puoi adattarla in base ai cambiamenti nell'algoritmo di Instagram, alle tendenze emergenti o alle nuove esigenze del pubblico.

5. **Ascolta il Feedback:** Presta attenzione al feedback dei tuoi follower. Cosa apprezzano dei tuoi contenuti? Cosa vorrebbero vedere di più? Le loro opinioni possono guidare le tue decisioni.

6. **Monitora le Metriche:** Utilizza gli strumenti di analisi di Instagram per monitorare le prestazioni dei tuoi

contenuti. Questi dati possono indicare cosa funziona e cosa no.

7. **Rete e Collabora:** La collaborazione con altri utenti o aziende può aiutarti a rimanere aggiornato sulle ultime tendenze e a raggiungere un pubblico più ampio.

8. **Fornisci Valore:** Concentrati sulla fornitura di valore ai tuoi follower. Che siano informazioni, intrattenimento o ispirazione, il valore è la chiave per mantenere l'engagement.

9. **Aggiorna la Biografia e il Profilo:** Assicurati che la tua biografia rifletta accuratamente chi sei e cosa fai. Aggiorna periodicamente le informazioni e il link al tuo sito web o a una pagina di destinazione rilevante.

10. **Sii Pronto a Cambiare Tattica:** Se una particolare strategia smette di funzionare o se Instagram introduce un cambiamento significativo, sii disposto a cambiare tattica rapidamente.

11. **Formazione Continua:** Investi nel tuo sviluppo personale e nella formazione continua. Partecipa a corsi o workshop sul marketing su Instagram e sui social media.

12. **Mantieni la Pazienza:** I risultati su Instagram possono richiedere tempo. Mantieni la pazienza e continua a lavorare costantemente sulla tua presenza.

Conclusione

In conclusione, Instagram è molto più di una semplice piattaforma di condivisione di foto e video; è diventato un potente strumento per la connessione, la promozione e la crescita personale e aziendale. Abbiamo esplorato l'importanza della presenza online, la storia e l'evoluzione di Instagram, le sue statistiche e utenti, le tendenze attuali e le strategie per avere successo su questa piattaforma.

Abbiamo discusso di come creare un profilo attraente, scegliere il nome utente e la bio perfetta, creare contenuti di qualità, utilizzare le funzionalità come le Storie e i Reels, costruire un seguito e strategie per aumentare i follower. Abbiamo anche esaminato come utilizzare gli hashtag in modo efficace e le opportunità di monetizzazione su Instagram, comprese la vendita di prodotti o servizi e la creazione di un business.

Per chi è alla ricerca di consigli avanzati, abbiamo coperto argomenti come l'analisi delle statistiche di Instagram, i segreti per migliorare l'engagement, la creazione di contenuti virali e come restare aggiornati sulle nuove funzionalità della piattaforma.

Infine, abbiamo esplorato il futuro di Instagram, con un'occhiata alle tendenze emergenti e alle sfide che potrebbero presentarsi. In un mondo digitale in costante evoluzione, essere preparati per il cambiamento su Instagram è fondamentale per il successo continuo sulla piattaforma.

Instagram offre infinite opportunità per esprimere la creatività, connettersi con il pubblico e raggiungere obiettivi personali o aziendali. Con una strategia ben definita, un impegno costante e una mentalità aperta alle nuove idee, è possibile sfruttare appieno il potenziale di Instagram e avere successo su questa piattaforma dinamica e influente.

Autore

Questo piccolo manuale è stato scritto grazie alla completa
collaborazione del team di @IncrementiOnline

Su Instagram:
https://www.instagram.com/incrementionline/

Ci impegniamo ogni giorno per soddisfare tutte le richieste
dei nostri clienti che puntualmente rimangono soddisfatti.

Contattaci direttamente su Instagram :)